LA PROPRIÉTÉ

ET LE

CODE NAPOLÉON

—

LA PROPRIÉTÉ

DANS L'AVENIR

—

Leçons faites au Collège libre des Sciences Sociales

PAR

Le R. P. G. de PASCAL

—

Extrait de l' « ASSOCIATION CATHOLIQUE »
de Mars et Mai 1897.

—

PARIS

IMPRIMERIE JEAN GAINCHE

15, rue de Verneuil

—

1897

LA PROPRIÉTÉ

ET LE

CODE NAPOLÉON

LA PROPRIÉTÉ

DANS L'AVENIR

Leçons faites au Collège libre des Sciences Sociales

PAR

Le R. P. G. de PASCAL

LA PROPRIÉTÉ & LE CODE NAPOLÉON

Messieurs,

Nous avons examiné, en nous plaçant au point de vue de l'idéal d'une législation sociale chrétienne, les diverses législations, juive, grecque, romaine, féodale, dans leurs rapports avec la propriété foncière. La suite des temps et la logique des idées nous conduit à l'ère contemporaine et au *Code Napoléon*.

Le *Code Napoléon* n'est pas une sorte de *bloc erratique*, perdu dans le champ immense de la législation humaine ; il se rattache au contraire, et par des liens très intimes, à des précédents très caractérisés, et il serait facile de montrer en étudiant les légistes des différentes époques comment il rejoint le régime classique romain. Mais, ce qui n'est pas douteux, c'est qu'il a reçu de ses élaborateurs nourris de la moelle du *romanisme,* et du puissant génie du César, dont il porte à bon droit le nom, un caractère nettement et énergiquement *individualiste*. L'Individu, — un pygmée; l'Etat, — un tout monstrueux ; — il n'y a plus que cela qui reste debout sur le sol nettoyé par le *Code Napoléon* des ruines qu'avait amoncelées la Révolution. Par là, il touche au socialisme ; le socialisme collectiviste en est la dernière et logique conséquence, et si le spectacle n'était pas aussi tragique il y aurait quelque amusement à contempler les furieux et vains efforts des légistes adorateurs de notre code civil, contre les entreprises du socialisme.

**

Pour peu que l'on étudie les dispositions de notre Code relatives à la propriété, ce qui frappe, ce qui saute aux yeux, c'est qu'il ignore complètement les fonctions *familiale* et *sociale* de la propriété. Plus d'une fois, au cours de ces entretiens, nous avons mis en relief les caractères d'un bon régime de propriété rurale : insistons encore — stabilité et continuité de la famille ; participation rendue facile, à tout le moins à une certaine jouissance de la propriété ; enfin constitution de propriétés communes, — tels sont les trois points que doit viser un régime vraiment chrétien et social de la propriété. Or le code conspire contre ces trois choses.

Pour le Code Napoléon, la famille ne paraît être qu'une association temporaire, provisoire, qui entre périodiquement, à la mort du chef, en liquidation, pour le plus grand profit du fisc et des *gens d'affaires*. L'on prend sur le fait cette idée matérialiste et fiscale dans la question si grave du testament et des successions.

Il y a sur le testament deux idées qui sont aux antipodes l'une de l'autre. Ou le père est le maître absolu, le *dominus*, dont le *dominium* est uniquement tempéré par le *dominium* encore plus absolu de l'Etat ; ou le père est simplement l'administrateur, le législateur *domestique*, en vue du plus grand bien de la famille et de la société. Notre code civil a nettement choisi la première idée : voyez plutôt.

Il n'établit aucune différence entre les produits du travail personnel et les biens hérités des ancêtres. L'idée du foyer paraît avoir été absente de l'esprit des légistes qui ont rédigé la loi. Une pensée économique vulgaire domine le Code : c'est que toutes les valeurs se valent et sont en définitive du même ordre, puisqu'elles peuvent être toutes ramenées à un dénominateur commun, qui est l'argent. Pour certains, la perfection consisterait à ce que les biens immobiliers, quelle que fût leur nature ou leur origine, puissent circuler avec la même facilité qu'un billet de banque.

Dans l'article 913, qui traite de la portion de biens disponibles, il permet, suivant le nombre d'enfants, de disposer de la moitié, du tiers ou du quart des biens. Règle brutale, à la fois trop large et trop étroite : trop large puisque, sous son couvert, un père pourra, par un acte arbitraire de volonté, faire passer à l'étranger une portion considérable des biens héréditaires qui sont, à proprement parler, le patrimoine commun de la famille ; trop étroite parce que, dans nombre de cas, le chef de famille, se heurtant à l'obstacle légal, sera impuissant à assurer convenablement la transmission et la continuité du foyer.

Nous trouvons dans le nouveau Code civil espagnol promulgué officiellement le 24 juillet 1889, une disposition infiniment plus sage. D'après l'article 808, la légitime des enfants est des deux tiers ; un tiers seulement est à la libre disposition du père. Mais d'après l'article 823, « le père ou la mère pourront disposer, en faveur de l'un ou de quelques-uns de leurs enfants ou descendants, de l'un des deux tiers inscrits à la légitime. » Cette portion s'appelle : *Mejora*, accroissement.

Jetez maintenant un coup d'œil sur le titre des *successions*. Lisez l'article 815 : « Nul ne peut être contraint à demeurer dans l'indivision ; et le partage peut être toujours provoqué, nonobstant prohibitions et conventions contraires. On peut cependant convenir de suspendre le partage pendant un temps limité ; cette convention ne peut être obligatoire au-delà de cinq ans ; mais elle peut être renouvelée. »

Est-ce que la conception *individualiste* ne s'accuse pas ici d'une manière frappante ? Tout pour l'individu en vue de son intérêt égoïste et immédiat, et après tout, — car Dieu a mis dans les choses une logique inflexible, — mal entendu. Et en même temps ces dispositions légales ouvrent la porte à une intervention tracassière et coûteuse du fisc et des hommes de loi.

Le Code espagnol a bien mieux compris l'intérêt si précieux de la famille. D'après l'article 1,051 : « Aucun cohéritier ne peut être tenu de demeurer dans l'indivision, à moins que le testateur ne prohibe expressément la division. » L'on a pensé, et avec juste raison, que *l'auteur* avait qualité plus que personne, et *autorité* pour faire, au mieux de la conservation et de la propriété de la famille, la loi domestique sur les biens qui, en définitive, sont à la famille.

Poursuivons, et nous verrons avec quelle opiniâtreté, avec quelle persévérance rusée, je dirai de Peau-Rouge, notre Code s'attaque à la stabilité et à la continuité de la famille.

Art. 826 : « Chacun des héritiers peut demander *sa part en nature* des meubles et immeubles de la succession... »

Art. 827 : « Si les immeubles ne peuvent pas se partager commodément, il doit être procédé à la *Vente par licitation* devant le Tribunal... »

Art. 832 : « Dans la formation ou composition des lots, on doit éviter, autant que possible, de morceler les héritages et de diviser les exploitations, — c'est là un bon sentiment mais rendu absolument stérile par la disposition suivante, — et il *convient* de faire entrer dans chaque lot, s'il se peut, la *même quantité* de meubles et *d'immeubles*... »

N'est-ce point là l'organisation légale de l'instabilité, et n'a-t-on pas eu mille fois raison de dire que « la France était en liquidation permanente ? » Ses dix millions de familles, tous les individus qui les composent, sont soumis à la loi du partage forcé et de la liquidation judiciaire. Un homme qui n'a pas fait grand bruit, mais dont les livres valent leur pesant d'or, M. Coquille, a écrit : « Une cause économique préside à la transmission intégrale du bien des familles. Puisque la vie est pénible pour l'homme et qu'il doit vivre à la sueur de son front, il est naturel qu'il se réfugie dans l'esprit de famille et y cherche appui et consolation. D'un autre côté, la famille primitive ne peut longtemps contenir ceux qui naissent d'elle, le sol devient trop étroit pour la nourrir. A un moment donné, il faut se séparer. Dans quelles conditions doit s'opérer cette séparation ? Cette famille subira-t elle une liquidation ? Tout ce qui la constitue sera-t-il mis à l'encan ? Mais le bien patrimonial, qui valait par l'unité et l'accord de la famille sous la direction de son chef, perd de sa valeur, est vendu à vil prix. Les frais de justice, en cas de minorité d'un des enfants, absorbent une partie du prix de vente. Il s'agit en effet, ne l'oublions pas, de ces familles de cultivateurs dont l'avoir de quelques mille francs s'évanouit dans la main des gens de loi dès qu'il y tombe. En proie à ces vicissitudes, la petite propriété ne peut fournir tous ses fruits. Elle réclame la stabilité et un cultivateur aisé qui ne lui ménage rien de tout ce qui est nécessaire pour une production de plus en plus abondante.

« Les économistes ne nient pas cette conséquence. Le sol destiné à faire vivre une famille ne saurait être morcelé, à moins qu'on ne pose en principe que toutes les petites familles doivent être expropriées, et qu'elles ne méritent pas la protection du législateur » (1).

Combien plus sage est le Code Espagnol ! Aux termes de l'article 1056, le testateur a le droit, par acte entre-vifs, ou par disposition de dernière volonté, d'opérer lui-même le partage, à la condition de respecter la légitime :

« Le père qui, dans l'intérêt de la famille, voudra conserver indivise son exploitation agricole ou industrielle,

---

(1) *La France et le Code Napoléon*, par Coquille, p. 228.

pourra profiter de cet article en disposant que la légitime des autres enfants sera comptée en argent. »

D'après l'article 1062 du même code : « Quand une chose est indivisible, ou quand elle perd beaucoup de sa valeur du fait de la division, on pourra l'attribuer à un seul, à condition que celui-ci compensera les autres en argent. »

Ce n'est pas à dire que, même dans ce code qui marque un grand progrès dans le sens vraiment social sur notre code, l'on ne trouve encore ici et là des traces trop marquées d'individualisme, mais l'on doit reconnaître qu'en général il prend de l'intérêt familial et social un souci qui paraît n'avoir en nulle sorte préoccupé notre législateur. Pour lui, il n'y a qu'un intérêt, l'intérêt égoïste de l'individu dominé par l'intérêt de l'Etat et tempéré par le profit du fisc. « Un orateur, dit M. Coquille, a fait remarquer assez finement que les substitutions n'étaient pas abolies en France et que toute la terre de France était substituée, de telle sorte que ses propriétaires ne peuvent pas en disposer. C'est assez vrai : les propriétaires passent et ne transmettrent rien. Ils se succèdent sur le sol ; à la mort de chacun d'eux le bien retourne à l'Etat, qui en règle la dévolution. N'est-ce pas l'Etat qui est le propriétaire ? N'agit-il pas en vertu d'une substitution perpétuelle, qui le rend maître et directeur de toutes les parties du territoire occupées momentanément par les particuliers ? Ce système légal fonctionne depuis longtemps, et il était en germe depuis plus longtemps, avant de prendre possession du pays » (1). De là au collectivisme la distance n'est pas longue, et étant donnée la logique des idées et des passions humaines, tout porte à croire qu'elle sera bientôt franchie.

***

Notre Code, qui, aux yeux d'une foule de braves gens qui

---

(1) Coquille. *Op. cit.*, p. 226.

répètent machinalement comme des perroquets ce qu'ils ont entendu dire à d'autres, a *libéré* la propriété des entraves qui en gênaient le développement, a-t-il au moins rendu facile aux petits l'accès à la propriété ? On peut l'affirmer; il serait moins aisé de le prouver.

On peut devenir propriétaire ou quasi-propriétaire, ou par l'achat, ou par l'association qui fait participer aux avantages de la propriété.

L'achat avec les droits de diverses sortes qui pèsent sur les transactions devient un luxe de plus en plus interdit au paysan, et si, poussé par son amour instinctif de la terre, il veut se donner ce luxe, il court le risque de se vouer à la gêne pour le restant de ses jours et même de tomber dans la misère.

L'achat d'un bien de *six mille* francs est grevé de *six cents* francs de frais. Le paysan emprunte souvent à gros intérêts; l'usure, la vieille usure, est plus fréquente qu'on ne croit dans nos campagnes. L'hypothèque s'attache dès l'origine comme un vampire à cette nouvelle propriété. Il faut que de sa terre fouillée, remuée, arrosée de ses sueurs, le malheureux cultivateur tire de quoi nourrir — avant lui — le fisc et le créancier hypothécaire. Il s'épuise à cette tâche impossible ; il finit par y succomber, et, après des années d'angoisses, l'expropriation le jette hors de chez lui et le replonge dans les sombres profondeurs du prolétariat.

Aura-t il au moins, cet infortuné laboureur, la faculté de se rattacher à la propriété, de participer à ses avantages et à ses fruits par l'association ?

Le métayage, le partage à mi-fruits entre le propriétaire et le cultivateur, est un contrat essentiellement humain et social qui tient une grande place dans l'histoire. On l'a très bien dit : « En fait, le métayage réalise une certaine loi de perpétuité; il unit dans un même intérêt, dans une association le maître et le métayer. Il opère une union des

classes et vainement cette union a été tentée dans l'industrie. Ce n'est pas la bonne volonté du patron qui manque,
mais il ne dispose pas de l'avenir de son usine soumise
aux lois du partage forcé. La perpétuité de l'usine pourrait
seule assurer le sort de l'ouvrier par les institutions qui s'y
adjoindraient. Dans le métayage le gain et la perte sont
communs. C'est de toute justice. En peut-on dire autant
d'un propriétaire qui reçoit un revenu quand la récolte a
manqué ? Ne semble-t-il pas ici que la cause du revenu fait
défaut ? Cette cause, c'est le produit du sol et le revenu en
argent n'est que la représentation des fruits. Sur quoi se
fonde-t-il en l'absence des fruits ? Alors le fermage n'est
plus qu'un marché à forfait et le fermier est un entrepre-
neur de culture. Cela se conçoit de grandes exploitations
qui exigent du fermier un capital considérable ; des milliers
de petits cultivateurs n'ont d'autre capital que leurs bras. Le
bail en argent les ruine ; le bail en nature n'eût pas porté pré-
judice au propriétaire, puisque ce dernier ne peut raison-
nablement avoir la prétention de recueillir des fruits là où
il n'y en a pas. (1) »

Ce qui fait la supériorité du contrat de métayage, c'est
qu'il met en relation non deux individus mais deux familles.
Il associe ces deux familles qui tiennent au *même* sol par
un *même* intérêt ; il a en outre l'avantage d'assurer, dans
le monde agricole, avec la permanence des engagements,
une existence paisible au cultivateur. Serait-ce ce caractère
éminemment social que le Code tient à détruire ? Car il est
certain qu'il se montre peu favorable au *métayage*. Il le
regarde presque comme un reste de l'antique barbarie et
un débris de vieille servitude, et, dans une vaine crainte de
retour d'*ancien régime*, il en interdit la perpétuité. Bien plus,
il semble n'avoir rien compris à sa nature propre. Le Code
civil place le colonage partiaire au titre du *louage*. Rien

(1) Coquille. *Op. cit.*, p. 316.

n'est plus opposé à la nature de ce contrat qui est essentiellement un contrat d'association. Cette idée ne serait pas venue à l'esprit d'anciens légistes comme Cujas et Domat qui enseignaient que le colonat partiaire est un contrat de société et non un contrat de louage. Au lieu de soutenir et de seconder les mœurs qui tendent, sous la pression de la crise agraire, à revenir à cette forme de contrat, qui unit dans une vie plus intime et dans une communauté plus étroite d'efforts, les divers facteurs humains de la culture, notre législation la prend en dédain et lui est très franchement opposée.

*
* *

Enfin, avons-nous dit, un bon régime de propriété exige qu'il y ait un certain équilibre entre la propriété privée et la propriété commune, abri, secours, garantie d'existence pour ceux qui n'ont *rien* en propre, en même temps que réservoir de richesses et de ressources pour les collectivités sociales soit naturelles et spontanées, soit volontaires et libres, faute desquelles l'Etat omnipotent devient bien vite omnivore. L'individualisme de notre Code le rend absolument hostile aux *biens collectifs.* Dans un premier projet soumis au Conseil d'Etat, il était dit : « Tous les biens sont meubles ou immeubles; ils appartiennent à la nation en corps, ou à des *communes*, ou à des particuliers. » Toute cette seconde partie a disparu dans le vote définitif. Elle était incomplète, mais elle avait cela de bon, qu'elle affirmait le droit d'une collectivité, de la commune.

Le Code espagnol est moins laconique et moins césarien. Dans l'article 343 et dans les suivants, il est parlé des biens des provinces, des communes, des autres associations.

Notre législation, comme elle a l'horreur de toute association autonome, de toute collectivité indépendante, de tout corps qui n'est pas un pur automate mû par l'action de l'Etat, a une répugnance marquée pour tout bien collectif. Droit d'association et droit pour une association quelconque de posséder, ce sont là des concessions gracieuses du Prince; on n'a pour s'en convaincre qu'à relire les articles 910 et 937 du Code civil et les différentes lois qui règlent la matière. Chose étrange : l'Etat reconnaît sans difficulté la personnalité civile d'associations constituées en vue d'un lucre privé, telles que sociétés en nom collectif, sociétés anonymes; mais pour reconnaître la personnalité civile avec les effets qui en découlent, de toute association tendant à un autre but ou relevant d'un intérêt général, il exige en principe une concession de sa part, dont il se montre avare. La loi du 24 mars 1884 sur les *Syndicats professionnels* est la première atteinte grave qui ait été portée à cet individualisme; mais il faut convenir que la réforme est très incomplète et qu'il y a encore beaucoup à faire avant d'avoir restitué aux différents groupements humains qui forment une association la plénitude de leurs droits.

Ici nous insistons particulièrement sur ces biens collectifs appelés *biens communaux*. Quelle est à leur égard l'attitude de notre législation ? Les biens communaux affectés à l'usage des habitants de l'un de ces groupes primitifs et naturels appelés communes, ont une origine incertaine et à propos de laquelle se donne carrière l'érudition la plus variée. En effet, ils peuvent être un vestige de la copropriété de village et nous venir des vieilles coutumes germaniques; ils peuvent aussi nous venir, sinon de la législation romaine, tout au moins des traditions des grands propriétaires fonciers romains, qui, dans leurs grands domaines cultivés par manses, laissaient certains terrains vagues communs entre les divers tenanciers. Quoi qu'il en soit, ils représentent, ils constituent une forme importante, nécessaire même dans une société bien organisée, de jouissance communiste.

Très considérables avant la Révolution, bien que déjà au

XVIIIe siècle ils aient été entamés par des partages, — on partageait alors par feux, — ils ont été depuis fortement réduits par les partages qu'on a laissé faire. Des économistes à courte vue ont vanté ces partages qui ont donné beaucoup de terres à la culture. « On s'aperçoit aujourd'hui, dit M. Hauriou, un jeune et intelligent professeur de droit administratif, que la culture a ses déceptions, et que dans les mauvaises années il est bon que des bois ou des terres incultes soient à la disposition des nécessiteux, pour leur fournir certaines ressources de première importance. »

La loi du 14 août 1792 *ordonna* le partage des terrains communaux, à l'exception des bois. Enfin la célèbre loi du 10 juin 1793 rendit le partage facultatif, mais il suffisait qu'il fût voté par le tiers des habitants de tout sexe ; il avait lieu gratuitement et par tête ; c'était, on l'a dit avec raison, la spoliation des générations futures. Trois ans après, la loi du 21 prairial an IV venait suspendre la loi de 1793, puis la loi du 9 ventôse an XII valida tous les partages exécutés et fit remise aux communes de ce qui restait

L'article 542 du Code donne des biens communaux une définition incorrecte, car elle supposerait que les habitants de la commune ont un droit à la propriété de ces biens, ce qui n'est pas, la commune étant seule propriétaire. Les autres dispositions légales qui les concernent sont empreintes de cet esprit étroit et autoritaire qui fait que toutes les collectivités sociales qui végètent à l'ombre de l'Etat, sont soumises pour les moindres actes de leur vie à son ingérence tracassière et abusive, et nulle part on ne trouve la facilité donnée de constituer, de développer et d'augmenter ces sortes de biens. Il y a plus : Les usages communaux ont jusque dans notre temps donné lieu à une foule de procès entre les communes et les héritiers des anciens seigneurs. Nos tribunaux ont presque toujours suivi dans ces débats la jurisprudence des anciens Parlements qui exigeaient de la part des communes des titres écrits prouvant leurs droits de

jouissance, alors que la coutume et la possession d'état
étaient le meilleur des titres. « Il est à remarquer, dit
M. Coquille, que, dans ces circonstances,.le parti démocra-
tique se garda bien de soutenir l'intérêt des communes, tant
la Révolution est hostile aux droits et aux intérêts populaires. Les arrêts de la justice se sont unis aux spoliations
des guerres sociales pour dépouiller les communes. »

Il me semble, Messieurs, que la preuve est suffisamment
faite, et que le côté, que je suis bien obligé d'appeler *antisocial,* de notre Code apparaît suffisamment à vos yeux. Mais
nous ne pouvons en rester là ; l'analyse qui n'est pas
suivie de synthèse, la critique à laquelle ne succède pas, à
tout le moins, un essai de reconstruction, sont œuvres im-
puissantes, même funestes. Le Code civil n'est plus, pour
nos contemporains, cet objet d'idolâtrie auquel il fallait
autrefois, sous peine d'être taxé de rétrograde, d'irrévéren-
cieux, voire même de sacrilège, payer le tribut d'une adora-
tion aveugle ; mais on a le droit de nous dire : Que mettez-
vous à la place ? Le *nihilisme* n'est point l'état normal d'une
société. Et en particulier, en ce qui touche cette grave question de la propriété rurale, quel est votre programme, quel
est votre idéal ? C'est ce que nous essaierons d'expliquer
dans notre dernière leçon où nous traiterons de la *Propriété
dans l'avenir.*

LA PROPRIÉTÉ DANS L'AVENIR

Messieurs,

Je ne suis ni prophète, ni fils de prophète ; mais l'on
peut, je crois, sans se livrer à de téméraires vaticinations,
chercher à esquisser les lignes générales du régime futur
de la propriété. Il n'y a pour cela qu'à traduire aussi scien-
tifiquement que possible les besoins qui se manifestent et
les tendances qui s'accusent.

La question de la propriété est le rendez-vous de deux
doctrines opposées. Pour l'*individualisme*, l'individu, en
droit, est maître absolu des choses, il ne relève que de lui ;
en fait, les choses s'arrangent comme elles peuvent. Le
socialisme, lui, décapite la personne humaine ; de cet *autonome*, il fait un *automate*, et il transporte tout droit,
liberté, activité, à la collectivité. L'individualisme, dont
Rousseau est le docteur, a régné en maître pendant plus de
cent ans : logiquement son dernier mot est l'*anarchie*. Le
socialisme, qui par une contradiction plus apparente que
réelle trouve aussi ses origines doctrinales en Rousseau, est
en train de lui succéder : son dernier mot est, avec l'anéan-
tissement de la personnalité humaine, le plus effroyable
despotisme qui ait jamais pesé sur l'humanité. Je ne suis
ni individualiste, ni collectiviste ; l'homme n'est pas un pur
automate ; il n'est pas non plus un *Exlex* comme auraient

dit les Latins, un *anome*, s'il est permis d'inventer cette expression, un *sans-loi* ; il est un *autonome* dont la société, — je préfère ce terme à celui de collectivité ; il exprime mieux ce qu'il y a de vivant et d'organique dans le groupement humain,— est le milieu naturel, qui vit d'elle et grandit par elle. La société n'a pas à le confisquer, elle est pour *lui* mais pour tout *lui* ; et lui à son tour ne peut se développer tout entier, ne peut atteindre toutes ses fins que dans la société et par la société. Il faut donc que son individualité se plie à la loi sociale, et la règle sociale, loin de lui être une entrave, lui est une force et une aide. Il était nécessaire de rappeler ces principes sociaux au début de cet entretien.

Je crois que dans la question de la propriété foncière, il faut se garder de mettre l'absolu là où il ne doit pas être. L'humanité doit pouvoir subsister et pouvoir vivre d'une vie vraiment humaine; l'effet du travail doit être rapporté et attribué à l'agent, à l'auteur, dans la proportion même où il est auteur ; la famille n'est pas une association provisoire; c'est un groupe vivant, dont la loi est la stabilité, et la continuité; enfin, l'homme, — ses faiblesses comme ses énergies, ses besoins comme ses aptitudes le réclament, — doit pouvoir trouver dans des groupements les uns immédiatement naturels et spontanés, les autres volontaires et libres, un supplément à son insuffisance, une garantie pour les diverses formes de sa vie, un complément pour son activité; voilà les points essentiels et vraiment absolus que doit respecter tout système d'institutions sociales relatives à la propriété; le reste est affaire d'organisation, de *régime* et rentre par conséquent dans ce qu'on appelle les *catégories historiques*. De ce point de vue il est facile d'apercevoir les lignes générales d'un sage *régime* de propriété, de nos jours et dans notre pays.

*
* *

Il me semble qu'il faut tout d'abord établir une différence profonde entre ce que l'homme produit par son effort, par son activité, et le don gratuit de la nature. Ce qui est de lui est vraiment à lui, c'est un prolongement de sa personnalité, un développement, et comme une extension de son être dus à l'exercice de sa libre activité. A moins de faire de l'être humain un pur instrument et de le ravaler à la condition de l'animal, il est impossible, sans attenter à la dignité de sa personne et sans violer la justice la plus élémentaire, de le dépouiller du fruit de son travail, et de lui arracher le produit sur lequel il a mis son empreinte, dont il est l'auteur, et qu'il a comme signé de son nom : *Res clamat domino.*

Mais dans l'appropriation des forces naturelles, dans la prise de possession d'un objet extérieur, terre, chute d'eau etc..., il y a une part qui ne vient point de l'homme, qui est présupposée à son travail, que son activité peut bien mettre en œuvre, mais qu'elle ne fait pas. Peut-on affirmer que la simple et nue occupation de cette part, de cette force, de ce fonds, si elle n'est pas accompagnée, confirmée et vraiment consacrée par un travail qui l'approprie en l'employant et en l'utilisant, constitue un droit individuel absolu et exclusif ? Ne faut-il pas tenir compte de l'intérêt social, du bien de la communauté, et coordonner, par rapport à ce bien, la forme même de la possession ? Etre propriétaire, ce ne peut être le droit de confisquer au profit d'un égoïsme souvent monstrueux, et au détriment d'autrui, telle ou telle portion du sol. Un système qui aboutirait à créer pour les uns un privilège de jouissance oisive, et pour les autres un danger permanent de mourir de faim, ferait de la propriété — pour employer l'expression anglaise, — une *nuisance*, — et serait une violation de la volonté la plus certaine de la Providence. — La nature, dit quelque part un vieux docteur du Moyen Age, a l'intention, dans l'institution de la propriété, de venir en aide, non pas à tel ou tel, mais à tous.

C'est là ce que les législations modernes, trop pénétrées des inspirations du droit classique romain, oublient trop souvent, oubli dont les conséquences sont des plus graves, parce qu'il fournit au socialisme un thème fécond de revendications, dont plusieurs sont justes, et c'est là ce qu'il faut sans cesse avoir présent à l'esprit dans l'établissement d'un *régime* chrétien et social de propriété.

* *

Il ne suffit pas, en effet, de garantir les droits de l'individu : il faut aussi et très principalement garantir ceux de la famille. Ai-je besoin de le répéter : la famille est la vraie cellule sociale; la société vaut ce qu'elle vaut, et tous les mécanismes les plus savants et les plus ingénieux, les plus habilement combinés et agencés ne sauraient suppléer à la bonne constitution et à l'action normale de ce premier élément vivant de la société. C'est ce que, — on nous permettra bien de le dire, — oublient les socialistes : là se creuse, dans l'ordre social, le fossé profond, infranchissable, qui sépare l'école sociale catholique du collectivisme. Celui-ci paraît croire que la famille est une institution artificielle, et sous ce rapport il donne la main au libéralisme qui légifère avec un sans-gêne brutal en cette matière, comme si la famille était une création de ses légistes.

Stabilité, continuité, ce sont deux conditions essentielles de l'existence et de l'influence sociale de la famille. Un régime de la propriété, comme celui qui est consacré par le Code Napoléon et qui, par le fait même de son jeu normal, conduit fatalement la famille à un écroulement périodique et la condamne à un recommencement perpétuel, est au plus haut chef antifamilial et antisocial. Une famille n'est pas une pure collection d'atomes humains; elle est une unité vivante groupée autour d'un centre, du chef de famille, ayant un point d'appui et un lien, le foyer. Il faut que, pour le bien de la patrie, sous le voile changeant des évènements, et malgré le torrent des choses qui passent, il y ait une chose qui ne passe pas, une chose permanente, véritable trame vivante de la société, et cette chose, c'est la famille.

Or, nos lois de succession et de dévolution des biens interrompent violemment cette continuité et détruisent cette permanence.

Il faudrait d'abord sortir du matérialisme de notre code, faire une distincction qu'ont faite plus ou moins toutes les législations, œuvre de la sagesse traditionnelle, entre les biens hérités des pères et les biens issus de l'industrie et du travail personnel. Que de ceux-ci leur auteur puisse régulièrement disposer à peu près comme il lui plaira, il n'y à rien redire; mais quant à cette sorte de biens comme incorporés à la substance même de la famille, qui font partie intégrante de sa vie, qui sont la condition de son existence, de sa continuité et de son développement, on ne peut les laisser exclusivement à la libre disposition de celui qui en est, non le maître absolu, mais l'administrateur familial, dirai-je. Le père, vis-à-vis d'eux, est un ordonnateur, un distributeur, un législateur domestique; il n'est pas un *dominus*, n'ayant, dans l'exercice de son autorité et de sa législature, d'autre règle que sa volonté. Des biens dont je parle, il est le conservateur naturel ; il ne doit pas en être le dissipateur. Ainsi, qu'il ne lui soit pas permis de les faire passer entre les mains de l'étranger; mais, qu'en vue même du bien de la famille considérée comme premier et essentiel groupe social, il lui soit licite d'attribuer à l'un des enfants le foyer centre et lien du groupe, l'exploitation agricole et industrielle qui forme vraiment un tout organique, et dont les différents éléments ne peuvent être dissociés, sans que le *tout* soit en danger de languir, même de périr. Qu'à ce continuateur de la famille, on impose des devoirs et des charges, contrepartie de ses droits et privilèges, qu'il soit tenu de compen-

ser par un certain ensemble d'obligations morales et juridiques les avantages qui lui sont faits, c'est justice ; mais c'est justice aussi que ces charges ne soient pas écrasantes, que, par exemple, les soultes ne soient pas calculées à un taux trop élevé, et qu'il ne soit pas ainsi fatalement condamné à succomber sous le poids de l'hypothèque.

Il serait utile aussi de transporter dans notre Code la disposition du Code espagnol qui laisse au chef de famille la faculté de prescrire l'indivision pour la durée qui lui paraît utile. Mais ce qui paraît être absolument requis sans retard, par l'émiettement, et l'on pourrait dire par la *volatilisation* de la petite propriété, c'est la constitution du bien de famille stable, du *homestead*, comme on dit, dans la langue anglo-saxonne. Je n'ai pas à faire ici la monographie de cette institution, qui, comme on le sait, a pris une extension considérable, non seulement dans la féodale Allemagne, mais aussi, mais surtout, dans la libre Amérique, terre de démocratie s'il en fut : je veux seulement en noter les traits caractéristiques.

Le *Homestead*, c'est le foyer de famille inviolable, insaisissable ; c'est suivant une formule heureuse : la *Pierre du Foyer et un grain de blé*, garantis et légalement assurés à la famille. C'est un rempart contre l'hypothèque, véritable saisie par anticipation ; c'est la fixation au sol qui disparaît chaque jour sous leurs pieds, de ces millions de familles agricoles, qui sont la force et la richesse de la patrie. Si l'on ne veut pas que ces familles soient résorbées par un prolétariat sans feu ni lieu, sans assurance de vie pour le lendemain, troupe errante jetée sur tous les chemins, et dont les bras, aujourd'hui occupés par un travail précaire, seront demain loués par les entrepreneurs d'émeute, il faut résolument rattacher la terre à la famille, et c'est à ce but que tend le *Homestead*. Nous ne voulons pas remonter le cours des âges, et river l'homme à la glèbe ; mais c'est la glèbe que nous voulons faire serve de l'homme, pour que, suivant sa fonction normale, elle soit le point d'appui stable du foyer, et la nourricière de la famille.

« Ce que nous demandons à l'heure actuelle, dirai je avec l'un des auteurs qui ont le mieux parlé de cette question, c'est que l'on agrandisse quelque peu l'ouverture des branches du compas législatif, que l'on élargisse le cadre de l'article 592 du Code de procédure civile. Cet article est au sens large du mot le homestead mobilier de la loi française ; il déclare insaisissables le coucher et le vêtement nécessaires des saisis, les outils, instruments et livres indispensables à l'exercice de la profession, les aliments nécessaires à la vie de famille pour la durée d'un mois.

« A ce propos, il est piquant de remarquer que le législateur, dans l'article 592 du code de procédure civile, s'est montré plein de sollicitude pour les animaux ; il leur assure les pailles, fourrages et grains nécessaires pour la litière et la nourriture pendant un mois ; il est vrai qu'il défend de saisir les farines et menues denrées nécessaires à la consommation du saisi et de sa famille pendant le même délai ; à ce point de vue, bêtes et gens sont mis sur le même pied, mais la loi a songé à donner la litière au bétail, et elle a omis de conserver un gîte au débiteur et aux siens ; elle déclare ses meubles insaisissables, mais elle le met à la porte de sa maison : elle loge le saisi à l'auberge de la belle étoile ; elle lui donne le firmament pour ciel de lit. On croirait vraiment que l'article 592 a été édicté par la Société protectrice des animaux ; la loi n'en a oublié qu'un : l'homme. Le *homestead* est l'extension naturelle et logique de l'article 592. La maison n'est elle pas, selon la belle expression de M. Donnat, « le vêtement de pierre de la amille » ; le lot de terre contigu ne produit-il pas le grain de blé qui sera le morceau de pain du débiteur ? Le sol n'est il pas aux mains du paysan l'outil indispensable à l'exercice de sa profession, n'est-ce pas son instrument de travail, la mine d'où il tire la subsistance des siens ? (1) ».

Est-ce que l'insaisissabilité des rentes sur l'Etat, l'insaisissabilité jusqu'à une certaine somme des traitements des fonctionnaires et des pensions de retraites, est-ce que les diverses dispositions qui gouvernent le régime dotal, ne constituent pas un privilège, analogue à bien des égards, à celui du homestead ?

Le *Homestead* est la résidence de famille — le *manoir*, lieu où l'on reste — insaisissable, et j'ajouterai — car sur ce point la loi américaine offre une lacune, — régulièrement inaliénable.

Le principal avantage d'une pareille institution, est de faire reposer la famille sur une base stable, sur la possession du sol et d'assurer la conservation du foyer. L'agriculteur malheureux ne se verra plus chassé de son *chez soi* par un créancier impitoyable, et du naufrage de sa fortune, il pourra toujours sauver comme une épave sacrée: le foyer domestique. Dans l'intérêt supérieur de la société, la loi protège la famille contre l'incapacité ou l'imprévoyance de son chef; elle estime, et avec raison, qu'il y a un créanicer dont le privilège n'est écrit dans aucun texte, mais s'impose de par la loi de nature: ce créancier privilégié, c'est la famille. La loi qui impose au chef de famille le devoir d'entretenir, de nourrir et d'élever ses enfants, doit lui assurer, dans la mesure du possible, le moyen de remplir sa mission domestique et sociale.

L'on se plaint de l'émigration des paysans vers les villes, et les chiffres de la statistique sont, à cet égard, d'une éloquence effrayante. L'agriculture manque de bras, c'est le cri général. Faisons la part, je veux bien, de l'attraction de certaines jouissances sur ce qu'il y a de moins bon dans l'être humain, il y a là un côté moral que l'on retrouve dans toutes les questions qui touchent à l'homme; mais n'est-il

(1) Le *Homestead*, par Louis Corniquet, p. 10.

pas vrai que si nos braves laboureurs quittent en si grand nombre la terre, c'est qu'elle ne leur offre plus les compensations qu'il espère trouver ailleurs ? Comme la liberté absolue du travail aboutit à une nouvelle forme d'esclavage, la liberté absolue de la propriété a pour conséquence fatale la liberté d'être exproprié et de mourir de faim. Attachez par un *homestead* sagement réglé le paysan au sol ; donnez-lui avec la garantie contre les craintes de toute éviction, la sécurité du lendemain, et l'espoir fondé de laisser aux siens, en mourant, cette maison d'habitation et ce modeste enclos, qui sont comme l'expression sensible et le prolongement matériel de sa vie de labeur, et vous aurez appliqué au mal qui dépeuple vos campagnes, l'un des remèdes les plus efficaces.

Par là aussi vous aurez résolu l'un des problèmes les plus graves de l'heure actuelle. Il n'est nul besoin d'être grand clerc ès choses politiques pour comprendre que plus il y a de citoyens intéressés à la bonne gestion des affaires de l'Etat, plus grande est la stabilité gouvernementale, plus assurés sont l'ordre et la paix. Croyez-vous qu'une classe nombreuse de petits propriétaires fortement enracinés dans le sol, ne soit pas une garantie puissante contre les entreprises de bouleversements sociaux ? Et que ceux qui s'appellent *conservateurs* me permettent de leur dire : Les discours les plus éloquents contre les entreprises et les efforts du socialisme agraire, ne vaudront jamais une armée de paysans propriétaires auxquels les institutions assurent la conservation de leur maison et de leur petit champ ; et cette armée, vous la créerez par le *homestead*.

Nous pouvons ajouter que le *homestead* « prévient dans une large mesure la formation de cette armée de vagabonds qui est la plaie de nos sociétés européennes et qui, aux jours de crise, constitueront un si grave péril. L'institution américaine donnerait d'excellents résultats, en ce qu'elle serait de nature à enrayer le mouvement toujours ascendant de la criminalité; elle constituerait une mesure préventive; ce serait la moralisation de la masse par le sol ; n'oublions pas que le malheureux d'aujourd'hui sera le criminel de demain. Que devient, en effet, le débiteur chassé de son foyer ? Il est réduit à quitter le village, il s'en va chercher fortune ou misère ailleurs ; comment va-t-il pouvoir nourrir, élever ses enfants, s'il n'a pas un gîte à leur donner ?

« L'accomplissement des obligations qui lui incombent en vertu de la loi de nature, lui est désormais rendu impossible (1). »

L'on élève des objections ; il y a des objections à tout, et si l'on prêtait l'oreille à toutes les critiques, ni l'on ne ferait un pas dans la vie, ni l'on n'accomplirait une seule réforme.

« Vous allez ressusciter le régime féodal. » Je crois que pour des hommes intelligents cette objection est absolument démodée, et il n'y a pas lieu d'insister. Que l'on me permette seulement une courte réflexion. Il ne faut pas avoir peur des mots, et il faut regarder en face les choses qu'ils recouvrent. Au fond, qu'est-ce donc que la féodalité lorsqu'on la dégage des abus, des excès, des violences, rouille, lèpre, si l'on veut de toutes les institutions humaines, sinon un système d'associations coordonnées et autonomes, reliées entre elles par des devoirs et des droits réciproques ? Sous une forme appropriée à l'époque, ça été le régime d'un passé bien lointain ; peut-être, sous une nouvelle forme, ce sera le régime de l'avenir. Aussi bien, la vieille féodalité a fait éclore ce sentiment de l'honneur, inconnu des païens, qui est comme la fleur du devoir ; n'aurait-elle fait que cela qu'elle aurait fait une grande chose. Quoi qu'il en soit, je vous demande ce que la féodalité politique a de commun avec cette institution du *homestead* qui s'est surtout acclimatée aux Etats-Unis ? Passons.

« Mais vous supprimez le crédit. Désormais l'agriculteur

---

(1) *Corniquet, op. cit.*, p. 83.

verra toutes les bourses se fermer et le prêteur rester sourd
à son appel. »

Le grand mal en vérité ! Qui ignore que l'absence de crédit
vaut infiniment mieux pour la petite propriété que le crédit
ruineux, et dans l'état actuel de notre législation, le crédit
consenti à la petite propriété est presque toujours ruineux
pour elle. Notre but est précisément, en assurant la conservation du foyer de famille, d'empêcher l'expropriation et de
couper court à un crédit funeste. Peut-on, en effet, appeler
crédit agricole avantageux, le procédé qui consiste, pour le
paysan, à emprunter sur hypothèque à des taux très élevés
5, 6, 7, 8 0/0, pour acheter une pièce de terre qui lui appor-
tera bon an, mal an, 3 ou 4 0/0 ou moins encore? (1).

« L'emprunt sur hypothèque, nous dit-on, est désormais
rendu impossible pour le petit propriétaire. » Nous n'y
voyons aucun inconvénient. « Interrogez les notaires, de-
mandez-leur quels résultats a produit pour la petite propriété
l'emprunt sur hypothèque ; ils vous diront que le paysan qui
n'a qu'un petit lot de terre et emprunte sur hypothèque, se
trouve à peu près fatalement amené à l'expropriation finale ;
souvent même il ne peut plus arriver à servir l'intérêt de la
dette, et la saisie est imminente. A l'heure actuelle on
peut presque définir la constitution d'hypothèque sur la
petite propriété un *acte préparatoire de la saisie* (2). » Les
statistiques officielles donnent toute sa signification à cette
formule énergique, et constatent une augmentation effrayante
du nombre des ventes sur saisie immobilière.

En dépit de la résistance des légistes, surtout des hommes
d'affaires et des préjugés de la routine si puissante, par une

---

(1) Nous ne nions pas qu'un *crédit agricole* bien organisé ne puisse
rendre service au paysan qui a besoin d'emprunter pour faire certaines
améliorations, acheter certains instruments, etc., etc., mais nous ne con-
naissons pas d'autre *crédit agricole* avantageux au petit cultivateur que
celui qui est organisé sous la forme *d'association de crédit mutuel*, dont le
type est la *Caisse rurale*, d'après le système *Raiffeisen*.

(2) *Corniquet, op. cit.* p. 96.

étrange contradiction, en un pays parfois trop ami des nou-
veautés, la réforme législative que nous préconisons fait son
chemin ; elle a même fait son apparition au Parlement, grâce
au dépôt de deux propositions de loi, émanées, l'une de
M. Léveillé, l'autre de M. l'abbé Lemire. Je n'ai pas à entrer
ici dans le détail de ces deux projets : je n'ai voulu que si-
gnaler l'une des mesures les plus nécessaires à la conservation de la famille et à la stabilité de la société.

*
* *

Dans l'Encyclique sur la *Condition des ouvriers*, que tous
les hommes intelligents, à quelque parti politique et à quelque
confession religieuse qu'ils appartiennent, ont regardé
comme l'un des événements les plus importants de notre
siècle, le Pape Léon XIII dit : « Il importe que les lois favo-
risent l'esprit de propriété, le réveillent et le développent
autant qu'il serait possible dans les masses populaires... »
Et il ajoute : « Que l'on stimule l'industrieuse activité du
peuple par la perspective d'une participation à la propriété
du sol, et l'on verra se combler peu à peu l'abîme qui sépare
l'opulence de la misère et s'opérer le rapprochement des deux
classes... En outre la terre produira toute chose en plus
grande abondance. Car l'homme est ainsi fait que la pensée
de travailler sur un fonds qui est à lui redouble son ardeur
et son application. Il en vient même jusqu'à mettre tout son
cœur dans une terre qu'il a cultivée lui-même, qui lui promet
à lui et aux siens, non seulement le strict nécessaire, mais
encore une certaine aisance. Et qui n'aperçoit sans peine
les heureux effets de ce redoublement d'activité sur la fécon-
dité de la terre et sur la richesse des nations ? Un troisième
avantage sera l'arrêt dans le mouvement d'émigration. Nul,
en effet, ne consentirait à changer contre une région étran-
gère sa patrie et sa terre natale, s'il y trouvait le moyen de
mener une vie plus tolérable. »

Or, comment doter le plus grand nombre possible de familles, de cette accession, de cette participation à la propriété, source de si précieux avantages ? Je ne vois que deux moyens, que le libéralisme de notre siècle a soustrait au peuple : une extension du métayage, du colonat partiaire, qui est bien une participation stable aux fruits de la propriété, et une réorganisation de ces propriétés communes, qui sont comme le réservoir où viennent puiser les familles populaires les plus dignes d'intérêt. Grâce au métayage bien entendu, de nombreuses familles qu'aurait absorbées le prolétariat, sont rattachées au sol, y trouvent, avec une substance assurée, un point d'attache pour leur foyer, et le moyen de participer effectivement aux avantages d'une propriété qu'on a bien pu leur promettre en théorie, mais dont le jeu de la concurrence sans règle, les manœuvres de la spéculation, et les exigences multiples du fisc les repoussent en pratique. Je n'ai point à redire quel est au point de vue moral le prix du métayage ; mais, en ce qui concerne la propriété domestique et sociale, l'on ne saurait trop mettre en relief son importance. Il est temps que notre Code n'affecte plus à l'égard de ce mode de tenure un silence dédaigneux et donne force de loi aux usages divers et légitimes qui le gouvernent.

Dans un article précédent, j'ai noté, d'une part, la nécessité dans un bon régime de propriété d'une certaine quantité de biens collectifs appartenant soit aux associations professionnelles, soit aux communes, et d'autre part, l'hostilité de l'Etat moderne à cette sorte de biens. Il faut que cette hostilité cesse, il faut que dans l'intérêt des classes plus dénuées des biens de la fortune, le droit d'association professionnelle soit reconnu et agrandi avec toutes les conséquences qu'il comporte. La loi du 24 mars 1884 doit donc, non seulement être conservée, mais encore développée et complétée, soit quant au nombre de groupes humains auxquels elle peut s'appliquer, soit quant à l'extension des prérogatives dont elle doit être dotée, particulièrement en ce qui touche la propriété. Il est aussi urgent de favoriser la formation d'un patrimoine communal considérable destiné à faire participer d'une manière effective aux fruits de la propriété les membres les plus nécessiteux de la communauté, et à fournir à celle-ci, sans avoir à recourir à l'impôt, le moyen d'accomplir son rôle de protection, de soutien et de bienfaisance.

L'un des procédés les plus aptes à la reconstitution de ces biens collectifs consisterait dans une réforme de la législation sur les droits de succession. Que l'État puise avec une avidité que rien ne peut rassasier dans l'épargne des familles et prétende par son fisc entrer en partage avec les héritiers directs et naturels, c'est là un abus tellement monstrueux que l'on ne peut concevoir comment il ne disparaît pas devant une révolte générale de l'opinion. Le représentant de l'autorité dans la famille peut changer ; la famille ne meurt pas. Elle doit par conséquent être toujours munie des ressources qui assurent son existence et son développement. C'est donc un acte antisocial de la part de l'État, protecteur et non créateur du droit domestique, que d'intervenir à l'heure douloureuse de la disparition du chef de la famille, pour prélever une part plus ou moins grande sur les ressources du groupe familial.

Dans la ligne directe et lorsqu'il s'agit de la transmission de la réserve qui constitue par excellence ce qu'on pourrait appeler *le fonds domestique*, que le fisc s'éloigne et que ses mains trop rapaces s'abstiennent de toucher à ce dépôt sacré. Au contraire, il est très admissible, très juste, que lorsqu'il s'agit de la transmission à des membres plus ou moins éloignés de la famille, et surtout à des étrangers, de biens qui ne constituent pas une part réservée, et qui ont été formés, accrus, grâce sans doute au labeur de leur auteur, mais grâce aussi à la sécurité et au secours apportés par le milieu social, la société réclame à ce titre, dans des mesures diverses, suivant une échelle sagement graduée, comme une part d'héritier. Mais cette part, je ne l'attribuerai pas entière à l'Etat qui n'est pas toute la société ; je laisserai au testateur le soin d'en disposer en faveur de l'association communale ou professionnelle ; à défaut de disposition dernière, cette part à déterminer serait légalement attribuée d'après un partage équitable à la commune du défunt et à l'association dont il aurait été membre. Ainsi, d'une façon régulière, et en quelque sorte automatique, s'opèrerait la reconstitution de ces biens collectifs, dont le rôle est de si haute importance. Cette idée pourra d'abord étonner ; elle scandalisera même ceux qui ont sans cesse à la bouche le droit régalien de l'Etat. Qu'on veuille bien ne pas l'éconduire sans lui donner audience, et peut-être lui trouvera t-on, à défaut d'autre mérite, celui de l'originalité et de la simplicité ; ce n'est pas une raison pour la condamner.

Imprimerie Jean Gainche, 15, rue de Verneuil. — Paris.

www.ingramcontent.com/pod-product-compliance
Lightning Source LLC
Chambersburg PA